alimentação & NUTRIÇÃO

COZINHA SAUDÁVEL • CARDÁPIO EQUILIBRADO • ALIMENTOS SEGUROS

Editora Senac São Paulo - São Paulo - 2018

Editora Senac São Paulo
Av. Engenheiro Eusébio Stevaux, 823 – Prédio Editora
Jurubatuba – CEP 04696-000 – São Paulo – SP
Tel. (11) 2187-4450
editora@sp.senac.br
https://www.editorasenacsp.com.br

Pesquisa e redação: Laura Sampaio Quaresma
Revisão técnica: Andrea Estrella e Karina Aparecida Gabriel dos Ramos
Projeto gráfico, capa, ilustrações e diagramação: Eliana Lattuca
Revisão: Alexandre R. Alves e Ana Lúcia Normando
Impressão e acabamento: Gráfica CS

Dados Internacionais de Catalogação na Publicação (CIP)
(Jeane Passos de Souza - CRB 8ª/6189)

SENAC. Departamento Nacional.
Alimentação & nutrição: cozinha saudável, cardápio equilibrado, alimentos seguros / Departamento Nacional do Serviço Nacional de Aprendizagem Comercial. – São Paulo : Editora Senac São Paulo, 2018.

Bibliografia.
ISBN 978-85-396-2373-0 (impresso/2018)
e-ISBN 978-85-396-2374-7 (ePub/2018)
e-ISBN 978-85-396-2375-4 (PDF/2018)

1. Nutrição aplicada 2. Alimentação saudável 3. Cardápios : Planejamento 4. Manipulação de alimentos : Higiene alimentar I. Título.

18-790s

CDD – 613.2
BISAC HEA048000

Índice para catálogo sistemático:
1. Nutrição aplicada 613.2

Deixando um pouco de lado o prazer que a boa refeição proporciona, alimentar-se significa nutrir o corpo. E a nutrição tem papel essencial durante toda a vida: do crescimento e desenvolvimento das crianças e adolescentes até a prevenção de doenças e manutenção da saúde.

Por isso é tão importante que os profissionais que cuidam da alimentação de crianças, jovens e adultos, seja em restaurantes, lanchonetes ou nas cozinhas das escolas, conheçam os fundamentos da nutrição e tenham as informações básicas para preparar refeições e lanches saudáveis, nutritivos e gostosos.

Laura Sampaio Quaresma, nutricionista responsável por este livro, apresenta de forma clara e direta as noções básicas sobre nutrição, a função de cada nutriente e o valor dos controles de qualidade, segurança e higiene no processo de produção e manipulação de alimentos. Também dá dicas para cozinhar de maneira saudável e elaborar um cardápio equilibrado.

O Senac São Paulo espera que esta publicação se torne uma aliada de todos os profissionais que trabalham na área de alimentação.

Sumário

1 Para entender um pouco de nutrição

Tudo o que comemos e bebemos influencia o bom funcionamento do nosso corpo. Assim, precisamos consumir certa variedade de nutrientes, a fim de obter a energia necessária para que nosso organismo se desenvolva e funcione corretamente.

Nutrientes são substâncias encontradas nos alimentos, como carboidratos, proteínas, gorduras, vitaminas e minerais. Esses nutrientes ajudam a melhorar a saúde e protegem contra algumas doenças. Sendo assim, é muito importante manter uma alimentação saudável durante toda a vida.

Existem períodos, como a infância e a adolescência, em que o organismo precisa de energia extra para se desenvolver adequadamente. A criança que não se alimenta direito costuma ter baixa resistência e fica doente com mais facilidade. Além disso, com os problemas de crescimento, acaba tendo estatura mais baixa do que as crianças da sua idade. Se a alimentação for pobre em nutrientes, essa criança pode ter ainda os ossos mais fracos (o que aumenta o risco de fraturas) e retardo no crescimento cerebral. Neste último caso, levando a dificuldades no aprendizado.

Alimentação é saúde e energia

— Você sabia que nosso corpo funciona igual a um carro?

— Como assim?

— Ué, o carro não precisa de combustível para funcionar? O nosso corpo também... Só que o combustível pra nós é o alimento.

— É verdade!

— E você sabe o que acontece se a gente coloca no carro um combustível de baixa qualidade?

— O carro engasga! Fica todo errado!

— É isso aí! O mesmo acontece com o nosso corpo. Se comermos alimentos ruins, cheios de gordura e açúcar, o nosso organismo não funciona direito!

— Ah! Então deve ser por isso que a Maria, filha do Antônio, vive doente! Ela só come besteira!

— Exatamente!

— E se comermos pouquinha comida, o que acontece?

— A gente fica igual a um carro com o tanque na reserva. Não tem energia para nada! Ficamos devagar! Aí é difícil aprender, se concentrar. E se isso durar muito tempo, a gente pifa! Fica sempre doente!

— Ihhhh, que nem o Joãozinho. Ele vive sonolento, se arrastando por aí! É lentinho, lentinho! Mas, também, ele não come nada! Quando come, é só porcaria!

NUTRIENTES

Não existe um alimento que possua todos os nutrientes de que nosso corpo precisa; por isso é tão importante comer um pouco de tudo que seja saudável. Em geral, cada alimento possui maior concentração de determinado nutriente e, em função disso, os alimentos podem ser separados em grupos. Para ajudar você a entender mais facilmente, dividimos os alimentos em três grupos:

- Carboidratos
- Gorduras
- Proteínas

Você vai perguntar: E as vitaminas e os minerais? Bem, eles não formam um grupo de alimentos, pois são micronutrientes distribuídos pelos três grupos. Mas as vitaminas e os minerais são muito importantes para o funcionamento do organismo.

Apesar de precisarem ser consumidos em pequenas quantidades, a deficiência de alguma vitamina ou mineral provoca doenças como: raquitismo, anemia e dificuldades na visão, entre outras. Vamos ver mais detalhes adiante.

Carboidratos

Os alimentos ricos em carboidratos fornecem energia para nosso corpo funcionar e por isso devem corresponder à maior parte da alimentação.

Existem carboidratos saudáveis e aqueles que têm muita energia mas são pobres em nutrientes, como o açúcar, por exemplo. Para manter a saúde, o ideal é escolher sempre as opções mais adequadas (veja tabela ao lado):

OPÇÕES RUINS DE CARBOIDRATOS	MELHORES OPÇÕES DE CARBOIDRATOS
Açúcar refinado	Açúcar mascavo
Aipim frito	Aipim cozido
Arroz branco	Arroz integral
Batata frita	Batata cozida com casca ou assada no forno com casca
Biscoito de maisena, biscoito Maria, balas, doces, chocolate, bombons etc.	Biscoito integral, biscoito de aveia e mel, gelatina incolor com suco de fruta natural, salada de fruta sem açúcar
Biscoito recheado	Biscoito integral
Cream cracker	*Cream cracker* integral
Farinha branca (farinha de trigo)	Farinha integral (farinha de trigo integral)
Farinha láctea	Aveia em flocos, farinha de linhaça, granola sem açúcar
Gelatina comum	Gelatina incolor com suco de fruta natural, salada de fruta sem açúcar
Macarrão	Macarrão integral
Milho na manteiga	Milho cozido e sem manteiga
Mingau de maisena	Mingau de aveia
Pão branco	Pão integral ou com grãos
Refrigerante, guaraná natural, mate com açúcar	Suco natural sem açúcar, suco em polpa sem açúcar
Salada de fruta com açúcar	Salada de fruta sem açúcar
Salgadinhos	Sanduíche com pão integral
Sorvete cremoso	Sorvete de fruta
Suco de caixinha, suco de garrafa, suco em pó	Suco natural sem açúcar, suco em polpa sem açúcar
	Frutas, vegetais e legumes em geral

Os vegetais, legumes e cereais são considerados bons carboidratos. Mas eles funcionam como um sinal de trânsito: alguns têm seu consumo liberado (sinal verde), outros podem ser ingeridos com atenção (sinal amarelo) e existe um terceiro grupo que devemos comer, mas não podemos abusar (sinal vermelho):

CONSUMIR À VONTADE

Abobrinha
Acelga
Agrião
Aipo
Alcachofra
Alface
Alfafa
Almeirão
Aspargo
Berinjela
Bertalha
Brócolis
Brotos
Cebola
Champignon
Chicória
Couve
Couve-de-bruxelas
Couve-flor
Endívia
Escarola
Espinafre
Funcho
Jiló
Maxixe
Nirá
Palmito
Pepino
Pimentão
Rabanete
Radicchio
Repolho
Rúcula
Taioba
Tomate

Temperos naturais:

Açafrão
Alecrim
Alho
Alho-poró
Cardamomo
Cebola
Cebolinha
Coentro
Cominho
Gengibre
Hortelã
Louro
Manjericão
Manjerona
Noz-moscada
Orégano
Páprica
Pimentas
Salsa
Tomilho

CONSUMIR COM ATENÇÃO

Abóbora cozida
Beterraba cozida
Beterraba crua ralada
Cenoura cozida picada
Cenoura crua ralada
Chuchu cozido
Ervilha em vagem cozida
Quiabo cozido
Vagem cozida

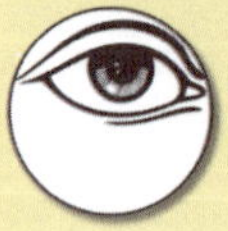

CONSUMIR EM PEQUENA QUANTIDADE

Aipim cozido
Angu
Arroz à grega
Arroz branco
Arroz integral
Batata-baroa cozida
Batata-doce cozida
Batata-inglesa cozida
Batata sauté (inglesa)
Canelone
Farinha de mandioca
Farofa simples
Inhame cozido
Macarrão integral
Macarrão parafuso
Milho verde (espiga)
Milho verde em conserva
Nhoque
Panqueca
Pinhão cozido
Pirão
Purê de batata

Dicas nutritivas

- Sempre que possível, coma frutas com casca ou bagaço. Assim, você consome mais fibras.
- As fibras diminuem a fome e fazem o intestino funcionar melhor.
- Faça os vegetais cozidos no vapor, refogados (com pouco óleo) ou assados no forno. Evite a fritura, os empanados e os molhos cremosos.
- Os carboidratos só engordam quando escolhemos opções ruins e/ou comemos mais do que o nosso corpo precisa.
- Evite servir na mesma refeição vários carboidratos do grupo vermelho. Quando abusamos desse grupo, ganhamos peso. O pensamento correto é: macarrão OU arroz OU farofa OU batata.

Gorduras

As gorduras têm papel importante para o funcionamento do organismo, pois ajudam a regular a temperatura do nosso corpo. São fundamentais para absorver as vitaminas A, D, E e K e ainda atuam como reserva de energia.

No entanto, algumas gorduras podem aumentar o colesterol ruim e/ou diminuir o bom colesterol, elevando os riscos de doenças do coração e derrame (AVC). Além disso, se consumidas em excesso, as gorduras promovem ganho de peso, o que também é um sério risco para a saúde. Dessa forma, a grande questão está em não exagerar e saber qual gordura devemos consumir.

COLESTEROL

COMO ATUA

Aumenta o colesterol LDL ("colesterol ruim")

PRINCIPAIS ALIMENTOS

Alimentos de origem animal, como gema de ovo, manteiga, carnes gordurosas, leite integral, queijos amarelos, iogurte comum etc.

SOLUÇÃO

Sempre que possível, trocar a gema do ovo por óleo ou usar apenas a clara; diminuir a quantidade de manteiga e, se puder, trocar por óleo e azeite (sem esquentar). Optar por peixes, frango e carnes magras (alcatra, chã, patinho e lagarto); limpar a gordura aparente da carne antes de cozinhá-la; trocar o leite integral por desnatado ou semidesnatado e dar preferência aos queijos brancos ou *lights*, como ricota, *cottage*, minas, requeijão *light* etc.

GORDURA SATURADA

COMO ATUA

Aumenta o colesterol LDL ("colesterol ruim")

PRINCIPAIS ALIMENTOS

Alimentos de origem animal (carnes gordurosas, leite integral, queijos amarelos, iogurte comum etc.), polpa de coco e óleos de coco e de dendê.

SOLUÇÃO

Optar por peixes, frango e carnes magras (alcatra, chã, patinho e lagarto); limpar a gordura aparente da carne antes de cozinhá-la; trocar o leite integral por desnatado ou semidesnatado e dar preferência aos queijos brancos ou *lights*, como ricota, *cottage*, minas, requeijão *light* etc.

GORDURA TRANS OU VEGETAL HIDROGENADA

COMO ATUA

Aumenta o colesterol LDL ("colesterol ruim") e diminui o HDL ("colesterol bom").

PRINCIPAIS ALIMENTOS

Principalmente alimentos industrializados (biscoitos recheados, *cream crackers*, bolos prontos ou de caixinha, batata frita congelada, sorvetes cremosos etc.).

SOLUÇÃO

Diminuir a ingestão desses alimentos e dar preferência a alimentos "feitos em casa" ou biscoitos integrais, frutas, sanduíches leves e outras opções de lanche.

ÔMEGA-3 (W3)

COMO ATUA

O ômega-3 parece diminuir a pressão de pessoas hipertensas.

PRINCIPAIS ALIMENTOS

O ômega-3 é encontrado nos peixes de águas profundas e geladas, como o salmão, o atum e a sardinha, e no óleo de linhaça.

SOLUÇÃO

Consumir peixe com maior frequência. Evitar fritar a sardinha, fazer assada ou grelhada. Usar o óleo de linhaça misturado ao caldo do feijão, sopas e em cima das saladas.

GORDURA MONOINSATURADA

COMO ATUA

É uma boa fonte de gordura. Promove o aumento do HDL e diminui o colesterol total.

PRINCIPAIS ALIMENTOS

Azeite extravirgem, óleo de canola, avelã, amêndoa, castanha-do-pará e abacate.

SOLUÇÃO

Sempre que possível, escolher esse tipo de gordura. Na hora de cozinhar, trocar a manteiga por óleo de soja ou canola; usar as castanhas e o abacate como opção de lanche, no lugar dos biscoitos. O azeite só deve ser usado frio, em cima das saladas e de outros alimentos.

Proteínas

Entre outras funções, as proteínas participam da produção de hormônios, do transporte de substâncias pelo sangue, da construção de músculos e cicatrização de feridas. Na infância, as proteínas também são fundamentais para promover o crescimento e o desenvolvimento da criança.

São encontradas nas carnes em geral, no leite e derivados, na soja, nos feijões e na clara do ovo. Em geral, os alimentos que são ricos em proteína também podem possuir grande quantidade de gordura saturada (a gordura ruim). Para evitar isso, escolha fontes de proteínas magras, como:

- Peixes grelhados, assados ou ensopados
- Lentilhas, grão-de-bico e feijões (cozidos sem carne e linguiça)
- Soja
- Peito de frango grelhado, assado ou ensopado
- Coxa e sobrecoxa assada e sem pele
- Clara de ovo
- Queijos brancos (minas, requeijão *light*, *cottage*, ricota etc.)
- Leite e iogurte desnatados

Vitaminas e minerais

Quando falamos em vitaminas e minerais, a maioria das pessoas pensa naqueles frascos de suplementos encontrados nas farmácias. Mas é bom saber que essas substâncias existem naturalmente em grande parte dos alimentos. Assim, para conseguirmos ingerir a quantidade adequada de vitaminas e minerais, basta variar a alimentação e comer de tudo.

As vitaminas e minerais não fornecem energia, mas são essenciais para o organismo funcionar normalmente. Elas participam de todas as reações que acontecem dentro do corpo. Além disso, são fundamentais para a formação de pele, dentes, ossos e órgãos e para o adequado crescimento e desenvolvimento do organismo, entre outras funções.

PRINCIPAIS VITAMINAS

	Importante para...	Onde encontrar	A deficiência causa...
Ácido fólico	Crescimento normal e produção de novas células.	Principalmente nas folhas verde-escuras, como espinafre, agrião, rúcula, brócolis etc.	Anemia megaloblástica, com sintomas de fadiga, palidez etc.
Vitamina **A**	Visão, principalmente a noturna; crescimento normal dos ossos.	Alimentos alaranjados: cenoura, abóbora, mamão, manga; espinafre e fígado.	Problemas nos olhos (xeroftalmia); dificuldade de visão noturna e problemas de crescimento em crianças.
Vitamina **B 12**	Crescimento e desenvolvimento normal de crianças e adolescentes; transporte de oxigênio no sangue.	Alimentos de origem animal, como fígado, ovos, peixes, entre outros.	Anemia perniciosa.
Vitamina **C**	Cicatrização de feridas e proteção contra infecções.	Principalmente alimentos cítricos, como laranja, acerola, morango, abacaxi, maracujá etc.	Dificuldade em fechar feridas, gengivas inchadas e inflamadas, perda dos dentes, pele seca, secura na boca.
Vitamina **D**	Absorção do cálcio, formação e saúde dos ossos, dentes e cartilagens.	Gema de ovo e fígado.	Má-formação dos ossos em crianças (raquitismo) e amolecimento dos ossos nos adultos (osteomalacia).

PRINCIPAIS MINERAIS

	Importante para...	Onde encontrar
Cálcio	Construção e manutenção dos ossos e dentes.	Leites desnatado, semidesnatado e integral; queijo minas, requeijão, iogurte, castanhas, espinafre.
Ferro	Transporte de oxigênio pelo corpo.	Carne bovina, principalmente o fígado; folhas verde-escuras (espinafre, agrião, rúcula etc.) e feijões.
Magnésio	Formação dos ossos e dentes; participa da contração muscular e ajuda a formar proteínas.	Folhas escuras, como espinafre e couve; castanha-do-pará, amêndoas, sementes de girassol e abóbora, feijões, lentilha e grão-de-bico.
Potássio	Junto com o cloro e o sódio, o potássio ajuda a controlar a quantidade e a distribuição de água no corpo. Essencial para o bom funcionamento dos músculos; ajuda a controlar a pressão.	Banana, água de coco, laranja, espinafre, batata, abacate.
Sódio	Controle da quantidade de água no organismo; ajuda na contração dos músculos.	Sal de mesa e em vários outros alimentos, como: pães, biscoitos, massas, enlatados, queijos etc.
Zinco	Cicatrização de feridas, sistema imune e desenvolvimento sexual.	Peixe, frango, carne bovina, leite e derivados, castanha-do-pará e cereais integrais.

A deficiência causa...
Deformidade e dor nos ossos; osteoporose, fraqueza muscular, atrofia no crescimento etc.
Anemia ferropriva, palidez, fadiga, cansaço, pés e mãos frios.
Tremor, câimbras, náuseas, vômitos, falta de apetite, fraqueza.
Fraqueza muscular, câimbras, fadiga, intestino preso (constipação).
Como o sódio é encontrado na maioria dos alimentos, sua deficiência raramente acontece. O excesso pode causar aumento da pressão, dificuldade de respirar, náusea, inchaço.
Perda de apetite, problemas de pele, queda de cabelo, problemas de crescimento em crianças, atraso no desenvolvimento sexual de adolescentes.

Dicas nutritivas

- Os alimentos frescos têm mais vitaminas e minerais; então, procure sempre comprar frutas e verduras da época.
- Legumes e verduras cozidos por muito tempo perdem vitaminas e minerais. Para evitar isso, o ideal é comer esses alimentos de forma crua ou cozidos no vapor, sempre preparados com temperos naturais (alho, cebola, coentro, salsa etc.).
- Congele os alimentos para ajudar a preservar seus nutrientes. Assim, se não for consumir imediatamente, procure congelá-los.
- Prepare sempre os alimentos de forma assada, ensopada ou grelhada. Evite frituras.
- Abuse dos temperos naturais para dar sabor aos alimentos e evitar o uso de muito sal.
- Varie bem os alimentos; assim, é possível comer um pouco de cada nutriente.

2 Como planejar cardápios

Todos os grupos de alimentos — carboidratos, proteínas, gorduras — possuem nutrientes de que o nosso corpo necessita, por isso não há um grupo mais importante que outro. Aquele velho ditado "Precisamos comer de tudo um pouco" assenta como uma luva na hora de montar cardápios cujos componentes são equilibrados em quantidades e qualidades adequadas ao organismo.

O EQUILÍBRIO NECESSÁRIO NA ALIMENTAÇÃO

Na hora de criar cardápios, é importante pensar basicamente em três requisitos: composição ideal de cada refeição, seleção adequada dos alimentos e melhor forma de prepará-los. Com esse planejamento, é possível fazer um cardápio saudável, equilibrado e que atenda ao seu bolso. Vamos ver este passo a passo?

Primeiro, é preciso entender quais alimentos são essenciais e quais devemos comer com moderação. A "pirâmide alimentar" ajuda bastante nessa tarefa. Seu conceito pode ser usado na hora de montar o prato de uma refeição: os alimentos que formam a base da pirâmide devem estar em maior quantidade e os que ficam no topo devem ser consumidos em pequenas porções, como veremos.

A composição dos cardápios

Café da manhã — Também conhecida como desjejum, esta é a refeição mais importante, pois nos dá a energia de que precisamos para começar o dia. Um exemplo de café da manhã?

- Fruta
- Leite desnatado
- Pão integral ou aveia em flocos
- Queijos magros, como os de minas, ricota e requeijão *light*

Colação — É um pequeno lanche servido entre o desjejum e o almoço. Uma boa opção de colação?

- Uma fruta ou um suco natural sem açúcar

Almoço — É considerada uma das principais refeições do dia por ser mais completa. Ou seja, além de ter

ÓLEOS E GORDURAS
1 a 2 porções

Escolha as boas gorduras, como azeite para saladas e óleo de canola para cozinhar. Evite frituras e a capa de gordura das carnes.

LEITE E DERIVADOS
3 porções

Dê preferência aos queijos magros.

HORTALIÇAS
4 a 5 porções

CEREAIS, PÃES, TUBÉRCULOS, RAÍZES E MASSAS
5 a 9 porções

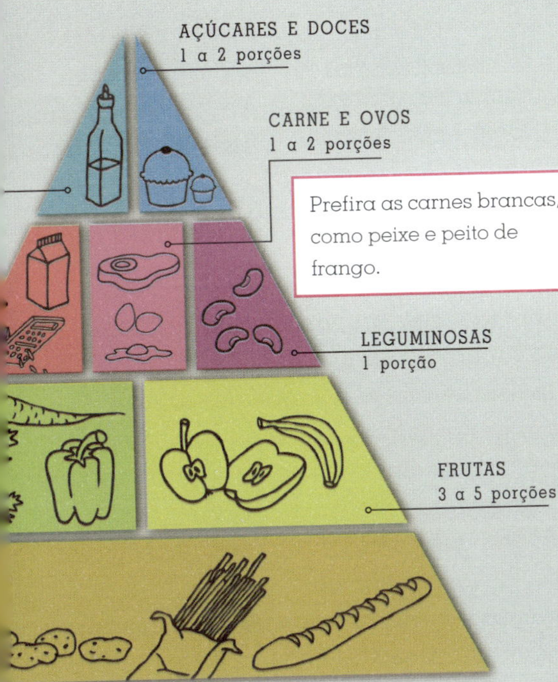

Prefira as carnes brancas, como peixe e peito de frango.

A base é a maior parte da pirâmide e por isso deve ser a base da nossa alimentação: cereais, pães, massas e tubérculos. Esse grupo é formado por carboidratos que fornecem energia para nosso corpo funcionar. Não se esqueça de escolher os "bons" carboidratos (veja o capítulo 1).

No *Guia alimentar para a população brasileira* (2014), o Ministério da Saúde recomenda dez passos para aprimorar a prática de uma alimentação adequada e saudável:

1. Prefira sempre alimentos *in natura* ou minimamente processados.
2. Utilize óleos, gorduras, sal e açúcar em pequenas quantidades.
3. Limite o consumo de alimentos processados.
4. Evite alimentos ultraprocessados, que são aqueles que sofrem muitas alterações em seu preparo e contêm ingredientes que você não conhece.
5. Coma regularmente e com atenção. Prefira alimentar-se em lugares tranquilos e limpos e, sempre que possível, na companhia de outras pessoas.
6. Faça suas compras em locais que tenham uma grande variedade de alimentos *in natura*. Quando possível, prefira os alimentos orgânicos e agroecológicos.
7. Desenvolva suas habilidades culinárias. Coloque a mão na massa, aprenda e compartilhe receitas.
8. Planeje seu tempo. Distribua as responsabilidades com a alimentação na sua casa. Comer bem é tarefa de todos.
9. Ao comer fora, prefira locais que façam a comida na hora.
10. Seja crítico quanto a informações, orientações e mensagens sobre alimentação veiculadas em propagandas comerciais. Existem muitos mitos e publicidade enganosa em torno da alimentação. Avalie as informações que chegam até você e aconselhe seus amigos e familiares a fazer o mesmo.

Fonte: Ministério da Saúde. *Guia alimentar para a população brasileira*. 2. ed. Brasília: Ministério da Saúde, 2014. Disponível em: <http://bvsms.saude.gov.br/bvs/publicacoes/guia_alimentar_populacao_brasileira_2ed.pdf>. Acesso em: 12 abr. 2018.

concentração maior de calorias, no almoço podemos incluir grupos de alimentos que muitas vezes não consumimos em outras refeições, como o das leguminosas (feijões, lentilha, grão-de-bico e ervilha). Um almoço equilibrado é formado por:

- Proteína magra (como filé de frango)
- Um carboidrato (como arroz integral)
- Uma leguminosa
- Salada
- Legumes

Lanche da tarde — É muito importante para manter a energia ao longo do dia e dar um reforço na concentração da mente.
Um copo de leite desnatado ou suco de fruta natural sem açúcar com um sanduíche saudável, que pode ser formado por:

- Pão integral
- Queijo magro
- *Blanquet* de peru
- Alface e tomate

Jantar — É tão completo como o almoço, porém deve ser um pouco mais leve. Aqui, as quantidades devem ser menores e a leguminosa pode ser dispensada (feijão ou lentilha, por exemplo).

Ceia — No pequeno lanche noturno, uma fonte magra de proteína é muito bem-vinda, pois sacia e evita o excesso de carboidrato. Uma sugestão?

- Um copo de leite desnatado ou iogurte

Para que o almoço e o jantar contenham os nutrientes dos grupos estudados no capítulo 1 (carboidratos, proteínas, gorduras, vitaminas e minerais), recomendamos montar o prato como a figura da página a seguir. E lembre-se: o alimento não tem cor à toa; ela nos indica que o alimento é mais rico em determinado nutriente. Por isso, devemos sempre fazer um prato bem colorido. Mesmo que não consiga usar todas as cores de uma vez só, procure sempre variar sua alimentação durante a semana. Dessa forma, você estará consumindo um pouco de cada nutriente e mantendo sua saúde.

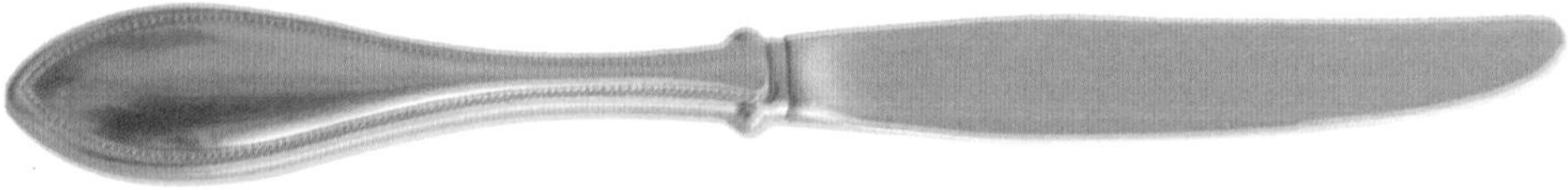

Escolha uma opção de acompanhamento: arroz OU batata OU macarrão OU farofa. Não exagere na quantidade!

Abuse das saladas! Esta deve ser a maior parte do seu prato. Coma à vontade! São folhas, tomate, brócolis, couve-flor etc.

Escolha uma proteína magra: peixe, frango ou carne bovina (alcatra, chã, patinho, lagarto, coxão duro e coxão mole) feita de forma assada, grelhada ou ensopada.

Escolha um legume: chuchu OU cenoura OU beterraba OU abóbora OU vagem OU quiabo.

Use uma gordura saudável, como o azeite extravirgem, para temperar a salada. Não exagere no sal e abuse dos temperos naturais para dar sabor à comida. De sobremesa, opte por uma fruta.

A seleção adequada dos alimentos

Para criar refeições equilibradas em termos nutritivos e com custo adequado, é preciso também observar a safra dos alimentos, ou seja, a época do ano em que normalmente é feita sua colheita.

Quando um produto é comprado dentro da safra, sua oferta é maior e, por isso, o preço cai. Além do que, o alimento na safra em geral tem menos agrotóxicos e é mais concentrado em nutrientes, já que é retirado do solo na época certa.

Agora que você conhece os benefícios da compra de alimentos na safra, a tabela das páginas seguintes vai ajudar muito nas escolhas para montar seu cardápio. Se precisar de tabelas mais completas, consulte os *sites*:

http://www.ceagesp.gov.br/produtos/

http://www.ceasa.rj.gov.br/calendario.asp

LEGUMES & VERDURAS

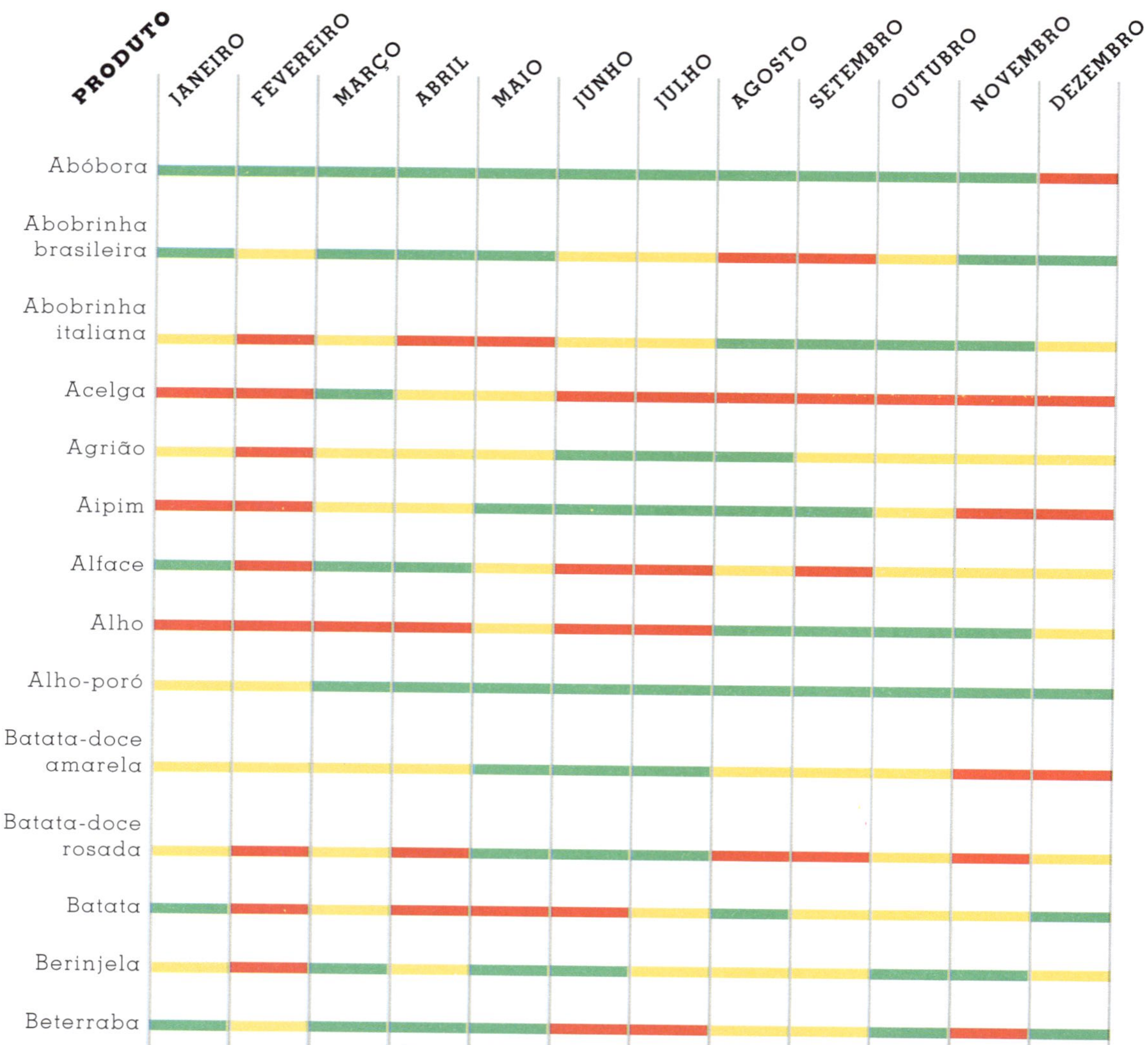

Fraco: produto não está na época. Os preços estão altos.

Médio: a oferta do produto está equilibrada. Os preços não são tão altos nem tão baratos.

Forte: produto está na época. Tem muita quantidade e, por isso, está mais barato.

FRUTAS

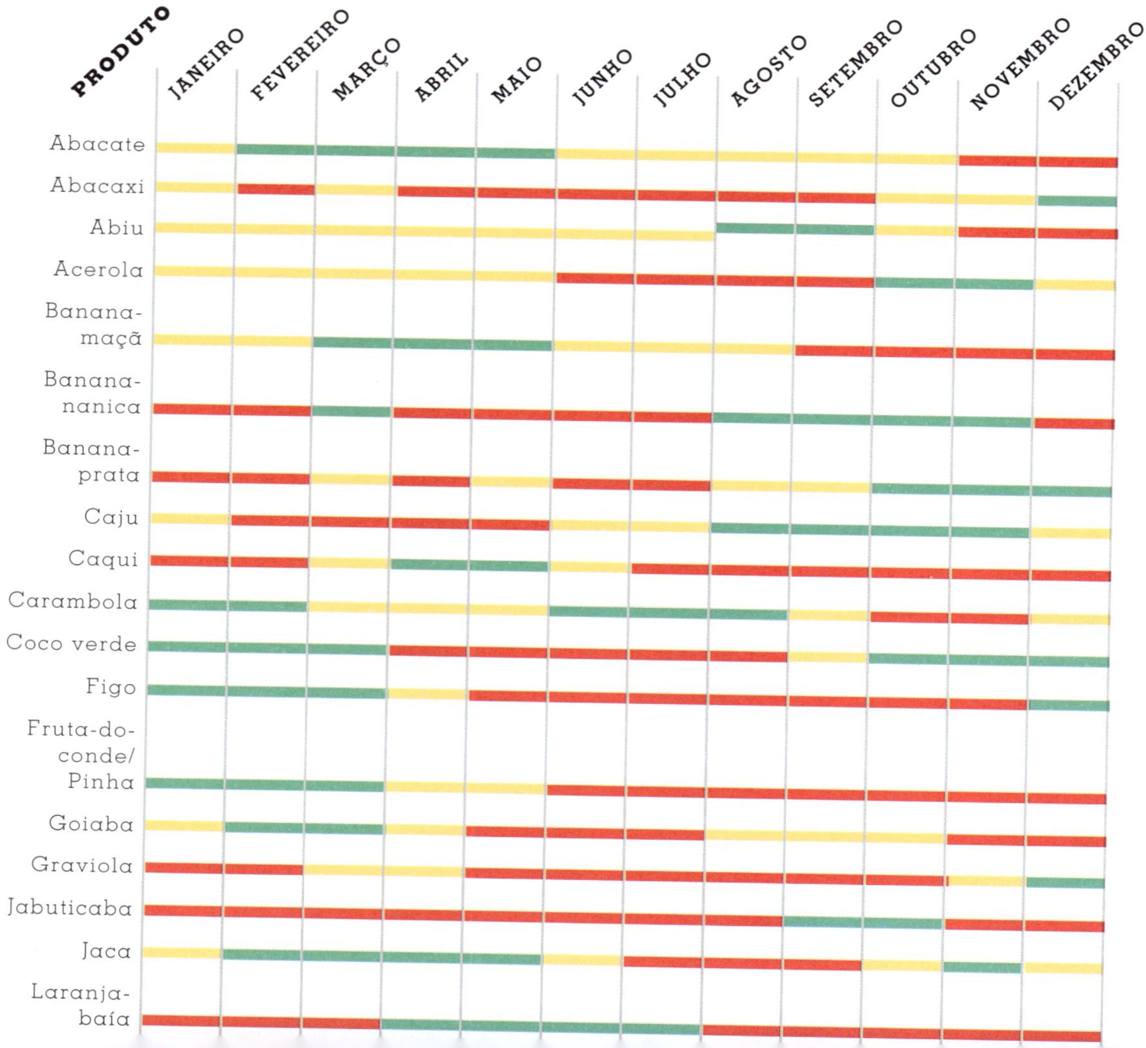
PRODUTO
JANEIRO
FEVEREIRO
MARÇO
ABRIL
MAIO
JUNHO
JULHO
AGOSTO
SETEMBRO
OUTUBRO
NOVEMBRO
DEZEMBRO
Abacate
Abacaxi
Abiu
Acerola
Banana-maçã
Banana-nanica
Banana-prata
Caju
Caqui
Carambola
Coco verde
Figo
Fruta-do-conde/Pinha
Goiaba
Graviola
Jabuticaba
Jaca
Laranja-baía

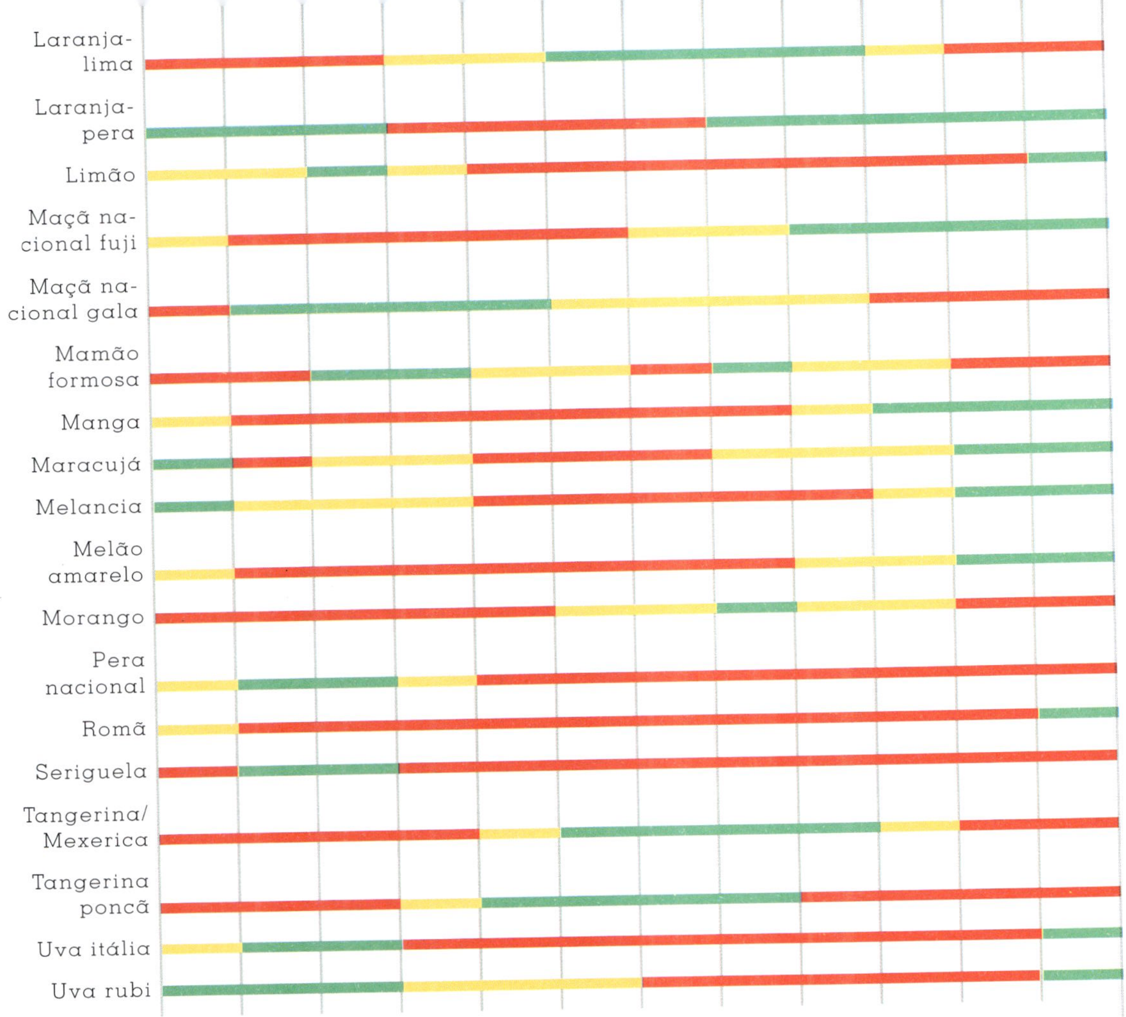

Fraco: produto não está na época. Os preços estão altos.

Médio: a oferta do produto está equilibrada. Os preços não são tão altos nem tão baratos.

Forte: produto está na época. Tem muita quantidade e, por isso, está mais barato.

AS MELHORES FORMAS DE PREPARAR OS ALIMENTOS

Cozinhar e comer de maneira saudável não é difícil, só pede um pouco de atenção e disposição para criar novos hábitos.

É bom saber que sempre que cozinhamos o alimento há perda de nutrientes.

No entanto, podemos escolher formas de preparo que diminuam essa perda e ainda reduzam o uso de ingredientes inadequados, como o sal em excesso, por exemplo. Veja algumas recomendações para tirar o máximo proveito dos alimentos:

PEIXES, CARNES E AVES

Ensopar: ótima opção, já que não é necessário colocar nenhum tipo de óleo ou gordura nesta preparação. Atente apenas para que o caldo não evapore, mantendo o fogo baixo e a panela parcialmente tampada.

Assar: se possível, leve ao forno a carne sobre uma grelha com tabuleiro embaixo. Assim, o excesso de gordura escorre para o tabuleiro. Para que a carne não fique seca, de tempos em tempos, molhe a peça com o próprio caldo ou com uma marinada (líquido aromático próprio para amaciar e dar sabor). A marinada pode ter diversas composições; a clássica é formada por alho e cebola picados, salsa, alecrim, suco de limão e azeite.

Grelhar: é boa opção, pois dá um gostinho de churrasco à preparação sem acrescentar nenhuma gordura.

LEGUMES E VERDURAS

Cozinhar no vapor: método rápido que não usa gordura e evita a perda de nutrientes. Os alimentos passam pelo processo de cocção numa panela com água fervente, mas sem manter contato com a água; assim, o vapor cozinha os alimentos. Se você não tiver uma panela própria para isso, coloque os legumes e verduras já temperados em um escorredor de macarrão que não seja de plástico. Apoie o escorredor em uma panela com água fervente e use a tampa para abafar. Não deixe a água da panela encostar no escorredor. O vapor irá cozinhar os alimentos.

Assar: usa pouquíssima gordura e dá muito sabor à preparação. Para não ressecar, tampe o tabuleiro com papel alumínio. Lance mão de ervas aromáticas como tomilho e alecrim para temperar.

Refogar: usando água no lugar do óleo, você consegue refogar da mesma maneira, só que sem gordura.

Para dar mais sabor aos alimentos

- Esprema o suco de um limão sobre a comida durante ou após o preparo. Peixe assado, quibe de forno e saladas, por exemplo, ficam deliciosos com esse gostinho de limão.
- Adicione um fio de vinagre de maçã ao final do cozimento. Fica ótimo em saladas, frango e carne bovina.
- Use uma combinação de suco de limão com cebola e alho picados, salsa e alecrim para marinar peixes, aves e carne bovina ainda crus. Cubra o recipiente e leve-o à geladeira por algumas horas antes de cozinhar.

Para preparar uma comida saudável

- Retire toda a gordura aparente das carnes.
- Para reduzir a gordura de sopas, molhos e cremes, coloque-os na geladeira após o preparo. Depois, retire com uma colher a nata que se forma na superfície do caldo.
- Troque manteiga ou margarina por óleo de canola ou óleo de soja.

Menos sal e mais tempero

Normalmente, utilizamos o sal para dar sabor à comida. Além disso, uma grande quantidade de sal está "escondida" em alimentos enlatados, conservas e produtos prontos. Assim, acabamos consumindo mais sal do que necessitamos. Esse excesso pode fazer a pressão subir e causar inchaço no corpo. Para diminuir a quantidade de sal ingerida, aqui vão algumas recomendações:

- Abuse dos temperos naturais, como ervas e especiarias, no preparo dos alimentos. Eles dão sabor, diminuindo a necessidade de sal.
- Para cada colher de molho de soja (shoyu), use uma colher de água filtrada. Assim você reduz o sal pela metade, sem perder o sabor.
- Alimentos enlatados ou em conserva, como milho, ervilha e palmito, costumam ter muito sal. Para reduzir sua ingestão, deixe a quantidade que você for usar de molho em água filtrada por 10 minutos. Troque a água e repita a operação. Assim, o excesso de sal passa para a água.

UTILIZAÇÃO INTEGRAL DOS ALIMENTOS

É possível evitar as deficiências de vitaminas e minerais, se usarmos partes dos alimentos que costumamos desprezar. Cascas, folhas, sementes e talos, que em geral iriam para o lixo, podem ser aproveitados em diversas receitas nutritivas. Assim, ao mesmo tempo, suprimos a carência de nutrientes no organismo, tornamos o cardápio mais saudável — e ainda economizamos dinheiro!

Como aproveitar tudo o que o alimento tem para nos oferecer? Veja algumas sugestões no quadro:

TALOS

DE QUAIS ALIMENTOS

Beterraba, brócolis, couve-flor, espinafre.

COMO APROVEITAR

Podem ser usados em sopas, no feijão e outras preparações que tenham caldo. Assim, você aumenta o rendimento do prato e faz uma refeição mais nutritiva, rica em minerais como cálcio, fósforo e potássio.

Os talos de brócolis e espinafre também podem ser batidos com água no liquidificador. Use a água para fazer o arroz.

FOLHAS

DE QUAIS ALIMENTOS

Aipo, beterraba, batata-doce, brócolis, cenoura, couve-flor, hortelã, mostarda, nabo, rabanete.

COMO APROVEITAR

Podem ser usadas em sopas, no feijão e outras preparações que tenham caldo.

É possível também bater as folhas de brócolis com água no liquidificador. Use a água para fazer o arroz, que ficará verdinho, dando um belo colorido ao prato! Além disso, você estará adicionando mais minerais à sua alimentação, como cálcio, fósforo e potássio.

CASCAS

DE QUAIS ALIMENTOS

Abacaxi, abóbora, banana, batata-inglesa, berinjela, beterraba, goiaba, laranja, maçã, manga, mamão, pepino, melão, maracujá, tangerina.

COMO APROVEITAR

Podem ser usadas para fazer sucos, doces, bolos.

SEMENTES

DE QUAIS ALIMENTOS

Abóbora, gergelim, girassol, melancia, melão.

COMO APROVEITAR

Podem ser torradas e usadas como tira-gosto ou fazer parte de um lanche. Tempere com um pouco de sal, se necessário. Também é possível misturá-las a saladas.

Agora que você já sabe montar cardápios balanceados, no próximo capítulo você aprenderá a comprar e a receber os alimentos e a controlar a qualidade graças ao armazenamento correto. Além disso, você vai entender um pouco mais sobre higienização do ambiente de trabalho e a importância da apresentação pessoal.

Como reaproveitar o óleo de cozinha

A reutilização excessiva do óleo de cozinha produz substâncias tóxicas que são prejudiciais à saúde. Não há uma definição de quantas vezes o óleo pode ser utilizado. O ideal seria descartá-lo sempre após o uso.

A Agência Nacional de Vigilância Sanitária (Anvisa) faz algumas recomendações sobre o uso e descarte do óleo de cozinha. Entre elas, filtrar o material após o uso, jogá-lo fora se surgir espuma ou fumaça, aquecê-lo (no máximo, a 180°C) e evitar completar o óleo velho com um novo.

Uma forma de saber se o óleo está velho é observar como fica o alimento após a fritura. Em óleo novo, o alimento fica mais crocante e com cor mais clara. Já o óleo em processo de degradação deixa manchas escuras na fritura. Se isso ocorrer, descarte o óleo.

3 Controles de qualidade

Todos os alimentos preparados para o consumo humano e servidos em escolas, creches, restaurantes e outros estabelecimentos comerciais e industriais devem estar livres de contaminações que possam causar danos à saúde.

Para isso acontecer, o controle de qualidade deve ser feito desde a higiene do ambiente de trabalho, passando pelo recebimento da mercadoria até seu armazenamento e posterior exposição para o consumo — sem falar na higiene e na imagem pessoal dos manipuladores de alimentos.

Além de evitar contaminações alimentares, o controle de qualidade previne os perigos que levam à perda de produtos e, consequentemente, ao desperdício.

Assim, veremos aqui algumas medidas de prevenção e controle a fim de garantir a segurança e a excelência dos alimentos. Essas medidas usam como base a Resolução RDC nº 216 (2004), alterada pela RDC nº 52 (2014), da Agência Nacional de Vigilância Sanitária (Anvisa), que pode ser complementada pelos órgãos de vigilância sanitária de cada estado e/ou município, com o objetivo de atender às realidades locais. Com certeza, seu chefe imediato vai informar você sobre os procedimentos exigidos na sua cidade.

Vamos tratar primeiro dos cuidados da higiene e da apresentação pessoal do manipulador de alimentos e também da limpeza do ambiente.

HIGIENE E APRESENTAÇÃO PESSOAL

Todos os profissionais que trabalham com manipulação de alimentos devem se preocupar com a apresentação e a higiene pessoal, sem falar da atenção com a própria saúde. Esses requisitos são fundamentais para as Boas Práticas na manipulação de alimentos.

Em caso de doença ou mesmo machucados ou feridas na pele, o manipulador de alimentos deve informar logo ao seu chefe imediato, que vai resolver se o profissional precisa se afastar da área de trabalho ou não. Às vezes um curativo e o uso de luvas podem ser suficientes para garantir a segurança dos alimentos.

Você já deve ter ouvido falar das recomendações que vamos dar agora sobre imagem pessoal, mas não custa refrescar sua memória. Quando se trata de manipular alimentos, a apresentação e a higiene pessoal são temas que sempre se repetem.

- Mantenha uniformes e roupas limpos e conservados. Não circule vestido com eles fora do local de trabalho.
- Mantenha as mãos limpas a cada nova tarefa e não use anéis, relógios ou adornos que possam provocar contaminações, acidentes ou machucar você.
- Mantenha os cabelos protegidos por toucas ou redes, sempre limpas. Homens, façam a barba diariamente!
- Tome banho antes e depois do trabalho e escove os dentes após as refeições. Esses hábitos são fundamentais também para seu bem-estar e descanso.
- Conserve as unhas curtas, limpas e sem esmalte.
- Use desodorantes sem perfume.
- Enxugue bem os pés para evitar micoses.
- Utilize sapatos fechados com sola antiderrapante e meias limpas para proteger seus pés.

Leia a história em quadrinhos *Segurança na Manipulação de Alimentos — Missão (Super) Possíve*l (Senac, 2012); ela traz de forma divertida todas as questões de higiene e a maneira de trabalhar com segurança em ambientes onde alimentos são manipulados.

HIGIENE DO AMBIENTE DE TRABALHO

A higienização do ambiente deve ser feita em duas etapas: limpeza e desinfecção.

Limpeza — Remove as sujeiras da superfície com o uso de água e sabão/detergente. Nesta etapa, a concentração do produto, o tempo de contato do produto com o local a ser lavado, a temperatura da água e a força usada para limpar a superfície interferem na qualidade da limpeza. Assim, para uma lavagem eficiente, é importante dar tempo para o produto agir, esfregar bem a superfície e utilizar a quantidade certa de acordo com as instruções do fabricante.

Desinfecção ou sanificação — As superfícies que entram em contato direto com o alimento devem ser desinfetadas para reduzir as bactérias a níveis aceitáveis. Esta etapa é indispensável, pois algumas bactérias não são removidas apenas com a limpeza. Para fazer a desinfecção de equipamentos, utensílios e superfícies que entram em contato com o alimento, primeiro é importante tirar o excesso de sujeira, caso contrário os resíduos podem atrapalhar a ação do desinfetante (sanificante). Em seguida, aplica-se o desinfetante, que, para essa função, pode ser feito utilizando-se 150ml de água sanitária para 30 litros de água.

A higienização de equipamentos e utensílios deve ocorrer de acordo com a necessidade do serviço e seguindo as normas do Manual de Boas Práticas do estabelecimento. Esse procedimento é essencial em equipamentos e utensílios usados com muita frequência, como cortador de frios, afiador de facas, tábuas de corte, facas e talheres.

Recomendações importantes

- Para evitar a contaminação do alimento, use escovas com cabo de plástico e cerdas de náilon. Não utilize escovas com cabo de madeira, palha de aço e cerdas de piaçava. A madeira favorece a contaminação por fungos. Já a palha de aço pode soltar partículas de alumínio, e a piaçava, pedaços.
- Não deixe as esponjas mergulhadas em um pote com detergente, pois podem se tornar meio de contaminação. Mantenha o detergente na embalagem original e coloque-o direto na esponja quando for lavar algo.
- Separe o material usado para limpar a área de produção (rodos, vassouras, luvas de borracha, panos de limpeza etc.) do utilizado na higienização de banheiros,a fim de prevenir a contaminação cruzada.

COMO EVITAR CONTAMINAÇÕES

Quando se trata de manipular alimentos, a mais básica e importante das recomendações é manter as mãos e antebraços sempre lavados a cada nova tarefa.

Veja o passo a passo da higienização ideal das mãos e dos antebraços:

1
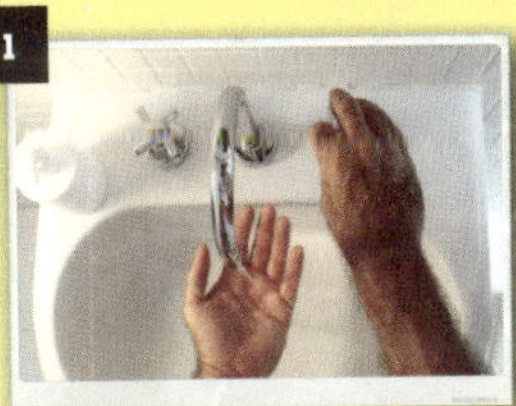
2

3

4

1. Molhe as mãos e os antebraços com água. 2. Aplique sabão para cobrir as mãos. 3. Esfregue as palmas das mãos, uma na outra. 4. Palma da mão direita sobre o dorso da esquerda e vice-versa.

5
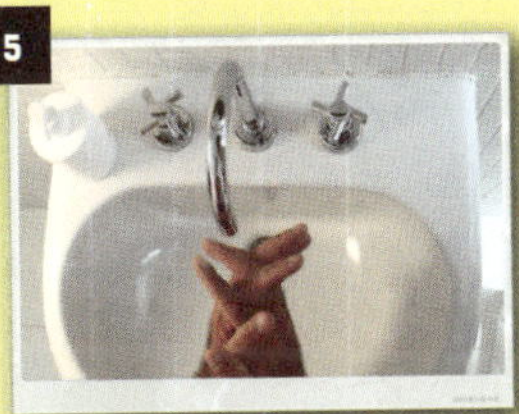
6
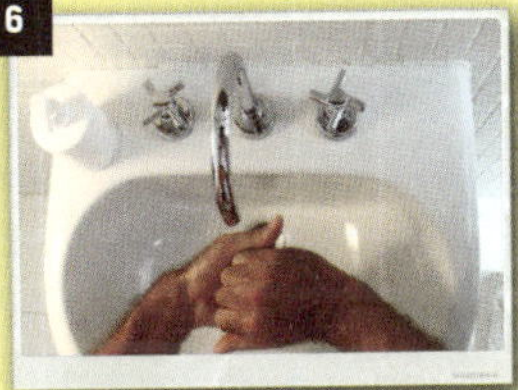
7

8

5. Palma com palma com os dedos entrelaçados. 6. Parte de trás dos dedos nas palmas opostas, com os dedos entrelaçados. 7. Esfregue o polegar esquerdo em sentido rotativo, entrelaçado na palma direita e vice-versa. 8. Esfregue rotativamente para trás e para a frente os dedos da mão direita na palma da mão esquerda e vice-versa.

9

10

11

12
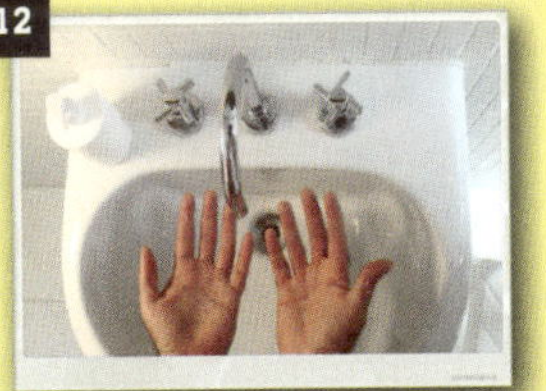

9.Enxágue as mãos e os antebraços com água. 10. 11. Seque as mãos e os antebraços com toalha de papel não reciclado. Use a toalha de papel para fechar a torneira. 12. Agora suas mãos e seus antebraços estão limpos.

As mãos precisam ser lavadas cuidadosamente várias vezes ao dia e sempre nas seguintes condições:

- Antes de começar a trabalhar.
- Quando trocar de tarefa, principalmente se estiver trabalhando com o alimento cru e passar a manipular o alimento cozido.
- Após utilizar o banheiro.
- Depois de pegar em dinheiro, tossir, espirrar, assoar o nariz ou se coçar.
- Antes e depois de usar luvas.
- Depois de comer ou fumar.
- Ao final de uma tarefa e depois de ficar muito tempo fazendo a mesma atividade.

Perigos de contaminação mais comuns

Vamos considerar aqui apenas os três perigos de contaminação mais comuns quando tratamos de manipulação de alimentos.

Moscas

A presença de moscas no ambiente indica falta de higiene, e algumas causam doenças, sim. Se ingerirmos alimentos contaminados pelas larvas das moscas, podemos ter, por exemplo, miíase intestinal, doença que danifica o intestino causando vômitos, diarreia, dores abdominais e convulsões.

Outras moscas são transmissoras de doenças como a ascaridíase, se ingerirmos água ou alimentos contaminados com ovos que contêm a larva infectante.

Para evitar esse tipo de contaminação, algumas medidas devem ser adotadas:

- Conservar todas as instalações limpas.
- Colocar os restos de alimentos em lixeiras com tampa e acionamento por pedal.
- Manter as latas de lixo sempre limpas e fechadas.
- Instalar telas milimétricas em janelas, saídas de exaustores, áreas de ventilação e em todas as outras aberturas.
- Tampar a caixa d'água.
- Colocar molas nas portas para evitar que fiquem abertas e facilitem a entrada de insetos.

Fungos

Os bolores e as leveduras são tipos de fungos que, na maioria das vezes, não causam problemas ao nosso organismo, mas deterioram os alimentos. Somente quando os bolores atingem uma concentração alta é que produzem micotoxinas que provocam danos à saúde: desde vômitos, diarreia e inchaço dos pés até cirrose hepática, leucemia e mesmo a morte.

Frutas, legumes e verduras, quando contaminados por fungos, apresentam amadurecimento acelerado, emboloramento, apodrecimento e murchamento. Alimentos ricos em açúcar favorecem o crescimento de alguns bolores e leveduras, por isso devem ser mantidos em recipientes muito bem fechados, que não permitam a entrada de ar. Nos ovos, os bolores causam odor de mofo e podem gerar um aspecto gelatinoso ou líquido.

Para evitar o aparecimento de fungos, deve-se armazenar os alimentos em locais de umidade baixa (entre 50 e 60%), evitando o calor excessivo. Caso o alimento esteja contaminado por leveduras ou bolores, precisa ser descartado.

Coliformes fecais ou termotolerantes

São bactérias presentes em grandes quantidades no intestino do homem e de animais de sangue quente (bois, porcos, aves, cães, gatos e roedores). O principal tipo de coliforme fecal é a *Escherichia coli*, também conhecida por *E. coli*.

Ao ingerir alimentos contaminados, a pessoa apresenta diarreia, vômitos, dor abdominal, febre e mal-estar geral. A contaminação do alimento pode acontecer de forma direta ou indireta. Por exemplo: a água usada para higienizar o alimento está contaminada com água de esgoto; ou o manipulador de alimentos infectado vai ao banheiro e não lava corretamente as mãos e, assim, contamina o alimento quando volta a trabalhar.

Para impedir que tal contaminação ocorra, a água utilizada no estabelecimento deve ser tratada, transparente e límpida. Os reservatórios precisam estar livres de rachaduras, infiltrações e ser higienizados no mínimo a cada 6 meses ou sempre que algum incidente contaminar a água. Além disso, é necessáro que o manipulador de alimentos siga todas as regras de higiene descritas neste capítulo.

Evite a contaminação cruzada

A contaminação cruzada pode ocorrer quando mãos, superfícies, utensílios e equipamentos tocam no alimento cru e, depois, em alimentos prontos para consumo. Também acontece quando alimentos crus entram em contato com alimentos prontos.
Para evitar a contaminação cruzada por uso de tábua, a cada nova tarefa é preciso higienizá-la e também os utensílios usados. Há cozinhas que possuem tábuas com cores diferentes, que têm o objetivo de separar os alimentos por categorias. Isso facilita muito o trabalho.

COMO COMPRAR OU RECEBER OS ALIMENTOS

Na hora da compra ou do recebimento dos alimentos, é preciso ter um olhar técnico para perceber a qualidade dos produtos; um olhar que avalie se eles estão ou não próprios para o consumo.

Em linhas gerais, ao receber um produto, é preciso observar primeiro se os entregadores estão com uniforme limpo e adequado, bem como as condições do veículo de transporte das mercadorias. Esta primeira impressão é importante para verificar a qualidade do serviço prestado pelo fornecedor.

Depois, é necessário conferir se o peso do produto é o mesmo que consta na nota fiscal. Veja também se ele está dentro do prazo de validade e, ao mesmo tempo, se a embalagem está limpa e sem nenhum dano. Ela não pode estar amassada ou estufada nem apresentar ferrugem, aberturas ou qualquer outra característica que comprometa a qualidade do alimento. E o recebimento das matérias-primas deve ser realizado em local protegido e limpo.

Vamos detalhar os aspectos a serem observados durante a compra ou o recebimento dos alimentos. Cada grupo de alimentos tem características próprias de cheiro, cor, textura e aparência que indicam se está próprio ou não para o consumo.

Peixes — Verifique se a carne está firme e bem presa à espinha. Quando a carne se solta com facilidade, significa que não está fresca. Os olhos do peixe devem estar brilhantes e salientes. As guelras devem ser rosadas ou vermelhas, úmidas e brilhantes; as escamas, bem presas à pele do peixe e com brilho.

Carnes — Não podem apresentar escurecimento, manchas esverdeadas ou azuis e odor alterado. Sua cor deve ser vermelho-cereja brilhante e a gordura deve ser firme em cor branca ou creme. Nunca utilize frigoríficos clandestinos. As carnes precisam ter o carimbo da SIF (Serviço de Inspeção Federal), que garante a qualidade do produto.

Frios — Não devem ter manchas vermelhas ou presença de ranço nem aparência de molhado. Não podem apresentar escurecimento, manchas esverdeadas e odor alterado.

Laticínios — Observe se a aparência está normal e a embalagem não está estufada e se o produto está com cor, odor e sabor alterados. Se houver alguma alteração, o produto está impróprio para o consumo.

Ovos — A casca dos ovos deve ser áspera e fosca. A clara é mais espessa, e a gema fica menos visível quando colocamos o ovo contra a luz. Além disso, a gema deve estar centralizada. Ao abrir o ovo, a gema e a clara não podem estar misturadas e devem estar firmes e sem manchas. O odor do ovo estragado é imediatamente reconhecível.

Frutas, legumes e verduras — Se estiverem amassados ou esmagados, facilitam a multiplicação de microrganismos e estragam mais rápido. Não aceite produtos com folhas amarelas ou queimadas, nem alimentos murchos, com mofos e bolores ou muito moles.

Cereais, farinhas e leguminosas (feijões, ervilhas, lentilha, grão-de-bico) — Devem ser recebidos em embalagens íntegras, sem vestígios de insetos, sujidades, bolor e umidade.

Produtos em conserva (latas e vidros) — Não podem apresentar estufamento, ferrugem, vazamentos, rachaduras, formação de espuma, cor duvidosa ou qualquer outra alteração.

ARMAZENAMENTO DOS ALIMENTOS

Armazenar os alimentos de maneira correta é fundamental para manter sua qualidade por um período determinado. Em todas as formas de estocagem, é proibido guardar alimentos com prazo de validade vencido e é preciso descartar imediatamente os produtos impróprios para o consumo.

O ideal é organizar os produtos de forma que aqueles com data de validade mais antiga sejam usados primeiro. Esse sistema se chama PEPS: o Primeiro que Entra é o Primeiro que Sai.

Manter o estoque ordenado pelo sistema PEPS e conservá-lo sempre limpo são condições básicas para que os alimentos preservem sua qualidade até serem usados.

Armazenamento a seco

Como o próprio nome diz, o armazenamento a seco se refere ao estoque de alimentos em locais secos e limpos, como uma despensa, por exemplo. Para evitar que os produtos estraguem nesse tipo de depósito, siga estas recomendações:

- Os produtos devem ser arrumados nas prateleiras de forma que facilite a circulação do ar. Assim, é importante respeitar certas distâncias:
- Distância do teto ou forro até a prateleira: 60cm
- Distância dos estrados ou estantes até a parede: mínimo 30cm
- Distância da prateleira até o piso: 20cm
- Distância do estrado até o piso: 20cm

Armazenamento sob refrigeração

Os alimentos armazenados sob refrigeração precisam ficar mantidos rigorosamente na temperatura adequada. E cada produto tem sua temperatura ideal de armazenamento, como veremos adiante.

Todo equipamento de refrigeração deve ter um termômetro, para que a temperatura possa ser verificada pelos profissionais que manipulam os alimentos. Não abra a porta desnecessariamente. Isso evita que a temperatura interna do equipamento se altere e ainda economiza energia. E mais: jamais desligue equipamentos de refrigeração que tenham produtos armazenados.

Uma das maneiras de evitar a contaminação é respeitar a arrumação das geladeiras e dos equipamentos de refrigeração: os produtos prontos para consumo devem ficar nas prateleiras superiores; os semiprontos, nas do meio; e os alimentos crus, nas prateleiras de baixo.

Veja na tabela qual é a temperatura ideal para cada tipo de produto:

Produto	Temperatura de armazenamento sob refrigeração
Carnes	Inferior a 5°C
Pescados	De 0° a 1°C ou em caixas com 1,5kg de gelo para cada 1kg de peixe (intercalar uma camada de gelo e uma de peixe). A primeira e a última camadas devem ser apenas de gelo.
Frios e laticínios	Até 8°C
Frutas, legumes e vegetais	Até 10°C
Produtos pré-preparados (descongelados, dessalgados, cortados, temperados ou higienizados)	Até 5°C
Ovos	Até 10°C
Massas	Até 8°C
Sobremesas prontas	Até 6°C

Armazenamento sob congelamento

As recomendações gerais para armazenar alimentos congelados são parecidas com as da refrigeração, o que muda radicalmente é a temperatura.

O equipamento deve ter um termômetro para que a temperatura seja verificada pelos profissionais que manipulam os alimentos. A temperatura interna de freezers e câmaras frigoríficas precisa ser sempre mantida em níveis adequados. Portanto, recomenda-se não encher muito o espaço interno do equipamento e sua porta deve ser aberta apenas quando necessário.

A temperatura ideal de congelamento é de -18°C a -23°C. Na hora de congelar o alimento, ele deve estar seco, íntegro e devidamente etiquetado, com informações como nome do produto, fornecedor, lote, data de validade e data do congelamento.

As embalagens que podem ser usadas para acondicionar os alimentos são: vasilhames de plástico, vidros com tampa, potes de alumínio, sacos plásticos limpos e papel-alumínio. Além disso, produtos diferentes devem ser embalados e mantidos separados uns dos outros para evitar contaminação.

A maioria dos alimentos (pães, carnes, aves, peixes, sopas, vegetais cozidos ou preparados no vapor) pode ser congelada. Mas gelatina, clara em neve, batata cozida, creme de leite, queijos minas e ricota, banana crua e ovo não ficam bons depois de descongelados.

Nenhum alimento deve ser congelado com molho; é melhor congelá-lo à parte para evitar contaminação cruzada. Vegetais que são consumidos crus, como as hortaliças, também não devem ser congelados, pois perdem o sabor. Ainda em relação aos ovos, é possível congelá-los fora da casca, de preferência colocando a gema e a clara em potes separados.

Atenção: uma vez descongelado, o alimento não deve ser congelado novamente.

CUIDADOS COM A EXPOSIÇÃO DE ALIMENTOS

Como regra básica, os alimentos expostos para consumo precisam estar protegidos de poeira, produtos químicos e pragas. Portanto, nunca devem ficar diretamente no chão ou próximos a produtos de limpeza.

Repetimos: as embalagens dos produtos não podem apresentar qualquer dano (estufamento, rasgos, fendas, trincados). É importante que sejam retirados da exposição os alimentos avariados ou com bolores, para que não contaminem os demais que estão em bom estado.

Separar os grupos de alimentos impede que um contamine o outro, por isso deve-se evitar a contaminação por proximidade entre os diferentes produtos expostos à venda.

Observar a validade do produto e descartar aqueles que estejam vencidos também é ótima medida para manter a qualidade dos alimentos.

A temperatura de geladeiras, freezers e demais equipamentos de refrigeração deve ser sempre monitorada. Para garantir a segurança dos alimentos, é necessário identificar os produtos a granel (cereais, temperos, farinhas, grãos etc.) com nome do fornecedor, data da embalagem e validade.

Veja os cuidados para expor ao consumo cada grupo de alimentos:

Carnes — Devem ser protegidas do contato direto com o consumidor para evitar contaminação. As carnes expostas em vitrines devem ser refrigeradas a temperatura inferior a 5°C ou congeladas a -18°C.

Peixes e frutos do mar — É necessário que recebam gelo salpicado com frequência para que permaneçam frescos. Mas atenção aos tipos mais delicados: para que os filés e as postas de peixe, crustáceos e moluscos não fiquem em contato direto com o gelo, um plástico ou filme PVC deve ser colocado entre o gelo e o produto. Isso evita que as peças ressequem.

Frutas, legumes e verduras — Não coloque excesso de produtos na exposição, para que a falta de circulação de ar e/ou o peso exagerado não os estraguem.

Frios, laticínios, salgados e defumados — Lave as embalagens antes da abertura do produto para corte ou fatiamento. Depois de embalados, os produtos podem ser expostos em temperatura ambiente (para salgado e defumados que não precisam de refrigeração) pelo tempo indicado pelo fabricante ou refrigerados por até 4°C por no máximo 5 dias.

Ovos — Os ovos com validade mais curta devem ser armazenados em local seco e fresco; já os com validade mais longa podem ser estocados em locais refrigerados abaixo de 10°C. Recomenda-se não empilhar mais que cinco caixas de ovos.

Produtos prontos para consumo — Quando quentes, devem ser mantidos em temperatura acima de 60°C por até 6 horas. Quando frios, devem ficar abaixo de 10°C por até 2 horas.

Impresso em papel off-set 90g/m² no miolo e cartão supremo 250g/m² na capa
e composto as fontes Helvética Neue e Memphis.